A mes cousins Roger et Lucien

Numéro du livre dans la collection : 5

Textes et Photos de Bernard Brunstein

ISBN : 9782322151899

Bernard Brunstein

Photos et textes de Bernard Brunstein

Les jardins de Pienne vous accueillent dés votre arrivée.

En arrivant à Pienne, contrairement aux autres villages, on domine les toits. On descend par une ruelle en pente rapide qui débouche, au sortir d'un porche, sur la vieille place.

Vieille place

Vieille place quadrangulaire où se passe la vie du village. Sur cette place s'ouvre la **Chapelle Notre-Dame-de-la-Visitation** .

Chapelle Notre-Dame-de-la-Visitation ou chapelle des Pénitents blancs construite au XIXème siècle et dédiée à Ste Elisabeth.

Faites de planches et de clous,

Fermées par un simple verrou.

Que se cache-t-il derrière ces portes?

Des secrets, des amours, des regrets,

Que le vent de l'histoire emporte, au fond de la vallée.

A Pienne, on ne peut pas se tromper, pour aller au sommet une seule ruelle...

Serpente entre les maisons.

Les toits de Pienne,

En tuiles provençales

Avec quelques pierres posées pour qu'elles tiennent

Aux bourrasques du vent
Qui souffle parfois de façon brutale
Les soirs d'hiver ou de printemps.

Ils sont morts pour leur patrie,
Celle d'hier, pas d'aujourd'hui.
Ils ont sacrifié leur jeunesse.
Passants, respect et tendresse.

Placette devant l'église Saint-Marc où s'élevait déjà au XVème siècle une église dédiée à Saint Maur.

L'église Saint-Marc domine le village comme pour le protéger. De style baroque, l'intérieur contient sept autels dédiés à Saint Marc, Saint Maur, Saint Bernard, Notre-Dame des Carmes, Notre-Dame du Rosaire, les Âmes du Purgatoire et le Saint Esprit.

Pienne est un lieu béni.

Pienne s'étire au pied du château.

Le château
Que reste-t-il de ta puissance?
Aujourd'hui, propriété privée,
Toi qui était la défense
De la Roya, de la vallée.

Ton nom était gravé dans la pierre d'une table d'orientation aujourd'hui disparue.

Au printemps, Pienne se transforme le long des rues en un immense bouquet de fleurs.

Le vieux four attend la flamme.
Pourra-t-il encore faire cuire le pain,
Et retrouver son âme.

Comme les villages de la vallée,

c'est en 1947 que tu devins Français.

Aujourd'hui, tu coules des jours sans pareil

Sous le ciel bleu et les rayons du soleil.

Déjà parus

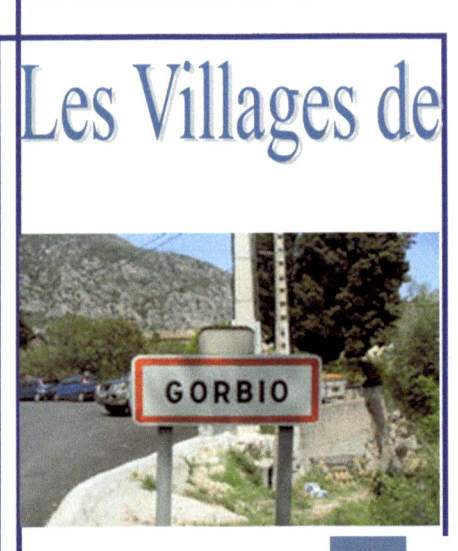

B Brunstein

Photos, textes de B Brunstein

B Brunstein

Photos, textes de B Brunstein

Du Même Auteur: Histoires

Poésies

Editeur : BoD-Books on Demand, 12/14 rond point des Champs Élysées, 75008 Paris, France
Impression : BoD-Books on Demand, Norderstedt, Allemagne
ISBN : 9782322151899
Dépôt légal : fevrier 2019